AF131993

Rapporto Brodeck

· · · · · · · · · · · · · ·

Philippe Claudel

ANALISI DEL LIBRO

Scritto da Cécile Perrel
Tradotto da Sara Rossi

Rapporto Brodeck

PHILIPPE CLAUDEL

PHILIPPE CLAUDEL

SCRITTORE E REGISTA FRANCESE

- **Nato a Dombasle-sur-Meurthe (Francia) nel 1962.**
- **Opere degne di nota:**
  - *Anime grigie* (2003), romanzo
  - *Monsieur Linh e il suo bambino* (2005), romanzo
  - *Petite fabrique des rêves et des réalités* ("La fabbricazione dei sogni e delle realtà", 2008), romanzo

Philippe Claudel è uno scrittore e regista francese. È anche docente senior all'Università di Nancy e professore all'Istituto europeo dell'audiovisivo e del cinema. Ha insegnato a detenuti e disabili. È anche autore di oltre 20 libri, tradotti in decine di lingue e premiati, tra cui *Anime grigie*, *Monsieur Linh e il suo bambino* e *Il rapporto di Brodeck*. Il primo film di Claudel, *I've Loved You So Long*, è uscito nel 2008. Il tema della guerra e delle sue conseguenze si ritrova in molte delle sue opere.

RAPPORTO BRODECK

UN LIBRO DI MEMORIE DI GUERRA

- **Genere**: romanzo
- **Edizione di riferimento**: Claudel, P. (2010) Il *rapporto Brodeck*. Trans. Cullen, J. Londra: Quercus.
- **1° edizione**: 2007
- **Temi**: Seconda guerra mondiale, omicidio, paura, follia, indagine, memoire

Il rapporto di Brodeck è stato pubblicato nel 2007. Parla di un uomo di nome Brodeck, che vive in un villaggio remoto. Un giorno, l'unico straniero del villaggio viene ucciso da alcuni abitanti. Poiché Brodeck è l'unico a saper battere a macchina e a possedere una macchina da scrivere, gli viene chiesto di scrivere un rapporto preciso e dettagliato per dimostrare che non c'era nulla di illegale nella morte. Tuttavia, egli non era presente al momento dell'accaduto e inizia quindi a raccogliere informazioni. Il lettore lo segue in questo compito, interrotto ogni tanto dai suoi ricordi di prigioniero in un campo di concentramento durante la Seconda guerra mondiale (1939-1945). Brodeck deve scrivere dell'indicibile e si interroga sul vero volto della natura umana.

SINTESI

FERITE DI GUERRA

Brodeck vive in un piccolo villaggio di montagna con la sua famiglia: sua moglie Emélia, la loro figlia Poupchette e Fédorine, un'anziana donna che si è presa cura di lui quando era bambino. Ha conosciuto sua moglie mentre studiava nella città di S. grazie agli abitanti del suo villaggio. All'epoca, tutti si riunivano per mandare qualcuno all'università e Brodeck era il più dotato.

Ben presto cominciarono a circolare voci sull'assembramento di truppe al confine e in città scoppiarono manifestazioni di lavoratori. Tuttavia, Brodeck non vi partecipò. Una notte ci fu una rivolta: i negozi dei *Fremdër* ("stranieri", "traditori" o "sporchi") furono vandalizzati. Brodeck assistette impotente e indignato all'uccisione di un vecchio. Si recò quindi a casa di Emélia per chiederle di sposarlo e i due fuggirono dalla città per rifugiarsi nel villaggio. Di conseguenza, abbandonò gli studi.

Qualche tempo dopo l'inizio della guerra, una truppa nemica chiamata *Fratergekeime*, guidata dal capitano Buller, arrivò nel villaggio. All'inizio, la convivenza con l'esercito fu molto difficile per gli abitanti del villaggio. Buller pretendeva la "pulizia" del villaggio. Insistette così tanto che il sindaco, così come diversi altri uomini importanti del villaggio, annotò i nomi degli unici due abitanti del villaggio che erano nati altrove: Brodeck e Simon Frippman. Entrambi furono arrestati e separati. Brodeck fu mandato in un campo, dove fu trattato come un animale. Ogni giorno nel campo veniva scelto a caso un uomo da impiccare pubblicamente per compiacere la moglie del direttore. Brodeck visse quindi nella paura costante, senza sapere se sarebbe sopravvissuto. Quando tornò, non poté raccontare a nessuno, tranne che a Fédorine, gli orrori che aveva vissuto.

Mentre Brodeck era imprigionato, anche Emélia era segnata dalla guerra. Un giorno, tre ragazze in evidente fuga furono trovate nella foresta e portate dai soldati. Emélia, che era intervenuta in loro difesa, fu imprigionata con loro e i soldati ne fecero ciò che volevano. Il giorno dopo, Fédorine trovò le tre ragazze morte: erano state tutte violentate e torturate, sia dai soldati che da alcuni abitanti del villaggio. Solo Emélia sopravvisse, ma l'esperienza la segnò. Si ritirò nel silenzio e nemmeno il ritorno del marito fu sufficiente a ridarle voce. A seguito dello stupro, Emélia partorì Poupchette, che Brodeck riconobbe come figlia e amò con tutto il cuore.

L'OMICIDIO DELLO STRANIERO

La guerra è finalmente finita. Una sera, mentre sta entrando nella locanda di Schloss, Brodeck si imbatte negli altri uomini del villaggio, che hanno appena commesso un omicidio. Hanno ucciso l'uomo conosciuto come l'*Anderer* (o "l'Altro"), uno straniero che era venuto a vivere nel villaggio poco tempo prima.

Gli abitanti del villaggio decidono collettivamente di chiedere a Brodeck di scrivere una relazione (per gli archivi del villaggio) su quanto appena accaduto, in modo da non essere giudicati e da avere la certezza di aver agito nel rispetto dei propri diritti. L'*Anderer* aveva messo a disagio i residenti e turbato l'equilibrio del villaggio con la sua presenza e il suo atteggiamento taciturno, manierato e osservatore. Essi lo rifiutarono completamente, incapaci di sopportare le sue descrizioni brutalmente oneste di loro, che rivelavano i loro difetti nascosti. Nonostante il disgusto per gli abitanti del villaggio, Brodeck non ha altra scelta che accettare. Brodeck descrive la sua infanzia parallelamente alla storia del crimine del villaggio, che chiama *Ereigniës* (che significa "la cosa che è successa"). Ci racconta la sua infanzia, la sua vita con Fédorine, il suo arrivo al villaggio, i suoi studi a S., il suo incontro con Emélia, il suo ritorno al villaggio, la guerra e l'inferno che ha vissuto nel campo.

Il giorno dopo la tragedia, Brodeck inizia a raccogliere informazioni per scrivere il suo Rapporto. L'*Anderer* arrivò al villaggio un giorno di maggio, vestito con abiti eccentrici che lo facevano risaltare nel semplice ambiente, insieme al suo cavallo, Mademoiselle Julie, e al suo asino, Monsieur Socrate. Gli altri abitanti del villaggio lo hanno subito diffidato e temuto. Dalla fine della guerra, nessuno straniero era più venuto nel villaggio. Brodeck, invece, era felice di vedere un volto nuovo. Tuttavia, le abitudini dell'*Anderer* non furono apprezzate dagli altri abitanti del villaggio fin dall'inizio. Aveva dei modi molto strani, si preoccupava eccessivamente del suo aspetto e si comportava in modo molto insolito, soprattutto con i suoi animali, che trattava come veri uomini.

Brodeck si rende subito conto che gli uomini del villaggio avevano deciso di incontrarsi la sera dell'omicidio e si chiede perché non sia stato invitato. Si scopre che Brodeck ha spaventato gli altri abitanti del villaggio da quando è tornato dal campo, in parte perché si sentono in colpa per il loro coinvolgimento nell'inferno che ha dovuto vivere, e in parte perché la terribile esperienza dei campi significa che non è più come gli altri. Il loro senso di colpa si riversa sulla carta quando *Anderer* realizza diversi ritratti degli abitanti del villaggio, che un giorno espone alla locanda di Schloss. È questo l'evento che scatena tutto: gli abitanti non sopportano più la presenza di questo straniero.

Poco dopo aver iniziato il suo Rapporto, Brodeck si accorge che qualcuno è stato nella stanza in cui scrive. La stanza apparteneva all'amico di Brodeck, Diodème, il maestro del villaggio. L'intruso ha messo a soqquadro il locale cercando di trovare i suoi documenti, senza riuscirci. È a questo punto che Brodeck scopre una lettera di Diodème nascosta in un cassetto. L'insegnante è morto alcune settimane prima in circostanze misteriose. La lettera si rivela essere una confessione: Diodème spiega perché Brodeck è stato arrestato e mandato al campo.

Durante le indagini per scoprire le circostanze esatte della morte dell'*Anderer*, Brodeck scopre che il sindaco aveva chiesto allo straniero di lasciare il villaggio, cosa che non aveva fatto. Pochi giorni dopo, il cavallo e l'asino di *Anderer* vengono trovati annegati nel fiume, con le zampe legate insieme. La sua stessa morte seguì solo due giorni dopo. Ripercorrendo gli eventi, Brodeck fa quindi un collegamento e scopre il motivo dell'omicidio: l'*Anderer* aveva rivelato i volti nascosti degli abitanti del villaggio nei ritratti che aveva fatto di loro.

Una volta terminato il suo lavoro, Brodeck lo consegna a Orschwir, il sindaco. L'uomo la brucia, sostenendo che la memoria può essere una cosa estremamente pericolosa. Brodeck non riesce più a vivere tra questi uomini, che ha messo a disagio da quando è tornato dal campo, e decide di lasciare il villaggio con Fédorine, Emélia e Poupchette.

STUDIO DEL CARATTERE

BRODECK

Anche se Brodeck è il personaggio principale della storia, non ci viene mai detto il suo nome completo, la sua età e nemmeno la sua nazionalità. Tuttavia, possiamo supporre che abbia circa 30 anni, dato che ha avuto il tempo di andare all'università, sposarsi e tornare a vivere nel villaggio.

È un orfano che Fédorine trova in una casa in rovina, in un paese che non viene mai identificato. Fédorine decide di accoglierlo e i due si trasferiscono in paese, dove vivono tuttora.

Brodeck dimostra di essere molto dotato dal punto di vista accademico e viene mandato all'Università di S. dal resto del villaggio. Qui conosce Emélia, la sua futura moglie. Tuttavia, la guerra mette i bastoni tra le ruote. Poiché proviene da un paese straniero, viene deportato in un campo di concentramento, dove viene trattato come un animale. Viene costretto a comportarsi come un cane, camminando a quattro zampe, indossando un collare e un guinzaglio e mangiando da una ciotola: le guardie lo chiamano "Brodeck il cane" (capitolo 38). Tuttavia, Brodeck riuscì a sopravvivere a questa tortura e a tornare al villaggio.

Nonostante questa terribile esperienza, Brodeck non è amareggiato e non giudica le persone. È un uomo estremamente sensibile e saggio. Ha imparato a osservare e interpretare il comportamento umano. Usa il buon senso per spiegare la morte di *Anderer* e la sua relazione si basa sui fatti: "Ho mantenuto le cose semplici. Ho cercato di raccontare la storia in modo fedele. Non ho inventato nulla. Non ho alterato nulla". Mentre raccoglie informazioni per il suo Rapporto (e quando il frutto del suo lavoro viene bruciato), si rende conto che anche lui spaventa e turba gli abitanti del villaggio. Decide quindi di lasciare il villaggio per poter finalmente vivere la sua vita.

L'*ANDERER*

L'*Anderer* è un uomo a cui è difficile attribuire un'età. Ha capelli biondi e ricci, un viso infantile e guance rotonde:

> *"Aveva sempre un grande sorriso sul volto, un sorriso che spesso sostituiva le parole, che tendeva a usare con parsimonia. Aveva dei bellissimi occhi verde giada, molto rotondi e leggermente sporgenti, che rendevano il suo sguardo ancora più penetrante".*

Il suo aspetto sconvolge gli abitanti del villaggio perché non si veste come loro: indossa abiti ricamati e realizzati con materiali costosi.

Nessuno conosce il suo nome o il motivo per cui ha scelto di trasferirsi in questo specifico villaggio. Trascorre il tempo disegnando e prendendo appunti su un piccolo taccuino, il che rende nervosi gli abitanti del villaggio, che hanno l'impressione che li stia spiando. Un giorno, Brodeck ascolta una conversazione che preannuncia l'avvicinarsi della tragedia: "Forse hai ragione […] forse quel quaderno non dovrebbe mai andare da nessuna parte. O forse la persona a cui appartiene è quella che non può andarsene, mai".

Pur vivendo nel villaggio, l'*Anderer* vive in disparte e non si mescola con gli altri. Tuttavia, di tanto in tanto parla con Brodeck che, sentendo di potersi fidare di lui per qualche motivo, gli racconta quello che è successo a lui e ad Emélia.

La curiosità generale che suscita negli abitanti del villaggio si trasforma lentamente in odio. L'esposizione dei ritratti è la goccia che fa traboccare il vaso: sono troppo dolorosamente vicini alla verità perché gli abitanti del villaggio possano accettarli. Mostrano i loro veri volti: "Dicevano [...] cose che non avrebbero mai dovuto essere dette, e rivelavano verità che erano state accuratamente soffocate".

FÉDORINE

Fédorine accolse Brodeck all'età di quattro anni, quando aveva appena perso i genitori. Lo accudì come una madre e lo portò lontano dalla sua casa in rovina e dai suoi genitori morti. È impossibile dire quanti anni abbia, e Brodeck lo dice anche:

> "Non so se Fédorine sia mai stata giovane. L'ho sempre vista contorta e piegata [...] Anche quando ero un bambino piccolo e mi ha accolto, sembrava già una vecchia strega malconcia".

Quando torna dal campo, è lei a prendersi cura di lui. Conosce rimedi e pozioni per alleviare malattie e febbre. È anche colei che si prende cura di Poupchette, poiché Emélia, traumatizzata da ciò che è accaduto, non è in grado di essere madre. Si fida ciecamente di Brodeck, ma non si fa coinvolgere dagli abitanti del villaggio, di cui è estremamente diffidente.

EMÉLIA

Emélia è la moglie di Brodeck. Lo conosce mentre lui studia a S., dove lavora come ricamatrice. Lo sposa e va con lui al suo villaggio quando scoppia la guerra.

È estremamente bella, ed è grazie ai ricordi di lei che Brodeck resiste nel campo e trova il coraggio di sopravvivere all'inferno. La guerra le ha lasciato anche delle cicatrici: dopo aver coraggiosamente difeso tre ragazze violentate dai soldati, è stata a sua volta violentata e data per morta. Dopo questa aggressione, dà alla luce una bambina di nome Poupchette.

A causa di questa esperienza, perde la capacità di parlare e smette di comunicare con le persone. Tuttavia, sembra tornare un po' in vita alla fine del romanzo, quando la famiglia si prepara a lasciare il villaggio. Stringe il collo del marito, come per incoraggiarlo a lasciare per sempre questo luogo dove hanno vissuto tanti orrori e dove le persone con cui hanno vissuto li hanno traditi. Questo è un segno innegabile che la rincuora il pensiero di andarsene.

GLI ABITANTI DEL VILLAGGIO

Gli abitanti del villaggio sembrano formare un piccolo gruppo omogeneo; sono un personaggio tanto quanto Brodeck o Emélia. Agiscono insieme, come un'unità, che a volte può sembrare piuttosto opprimente. Tuttavia, ci sono alcuni uomini che si distinguono:

- **Diodème, l'insegnante del villaggio e amico di Brodeck**. All'inizio del libro scopriamo che è morto tre settimane prima: probabilmente si è suicidato. Non è mai riuscito a perdonarsi per aver tradito Brodeck con i soldati del villaggio. Brodeck apprende finalmente la verità sul suo arresto da una lettera scritta da Diodème. Era un brav'uomo. Non era presente agli *Ereigniës*, poiché era lontano dal villaggio quando è successo.

- **Hans Orschwir, il sindaco del villaggio**. Ha partecipato agli *Ereigniës* e spiega a Brodeck cosa vuole dal suo Rapporto. Si considera il protettore della pace nel villaggio. Parla spesso per metafore. Ad esempio, paragona gli uomini ai maiali che alleva:

> *"Sono capaci di mangiare i loro stessi fratelli, la loro stessa carne. Non gli darebbe alcun fastidio: per loro è la stessa cosa. [...] Perché mangiano tutto, Brodeck, senza fare domande. E non pensano, Brodeck, non loro. Non conoscono il rimorso. Vivono. Il passato è sconosciuto per loro. Hanno l'idea giusta, non credi?"*

Orschwir è tra coloro che hanno collaborato con il nemico quando il villaggio è stato occupato. A più riprese afferma che la memoria è un veleno che deve essere estratto, per questo brucia il Rapporto di Brodeck.

- **Göbbler, il vicino di casa di Brodeck**. Göbbler sorveglia il vicino di notte mentre scrive il suo Rapporto. Quando il villaggio viene occupato dalle truppe nemiche, convince gli abitanti del villaggio che ci sono aspetti positivi nell'occupazione e diviene una sorta di secondo sindaco. Si trova spesso nella tenda di Adolf Buller, il capitano del gruppo di soldati di stanza nel villaggio. Quando gli vengono portate le tre ragazze in fuga, decide di consegnarle al nemico, ben sapendo di firmare la loro condanna a morte. È un uomo malvagio e senza scrupoli.

- **Dieter Schloss, il proprietario del più grande bar del villaggio, la locanda di Schloss**. Nonostante il fatto che non ci siano praticamente mai viaggiatori, la locanda ha ancora quattro stanze, una delle quali è occupata dall'*Anderer* durante il suo soggiorno nel villaggio. La locanda è anche il luogo in cui è avvenuto l'incidente innominabile: l'omicidio *di Anderer*. Nel corso del libro, Schloss si rivela come la maggior parte degli abitanti del villaggio: un seguace, o forse addirittura un opportunista, ma non veramente malvagio: ***"Ho fatto quello che mi è stato detto, tutto qui. Non voglio guai [...] sono solo un uomo semplice [...] ma non sono il peggiore, sapete"***. Il locandiere si confessa a Brodeck due volte. La seconda volta racconta una conversazione ascoltata per caso tra *Anderer* e il sindaco. Questo racconto fa capire a Brodeck che gli abitanti del villaggio nutrivano pensieri e sentimenti minacciosi nei confronti dell'*Anderer* già prima del suo omicidio.

ANALISI

UN ROMANZO UNIVERSALE

Non è facile scrivere un romanzo universale che commuova tutti. Lo scrittore deve andare al di là della propria sensibilità culturale e delle proprie concezioni del mondo per creare un libro a cui tutti possano riferirsi. Claudel riesce in questo difficile compito con Il *rapporto Brodeck*.

Elementi spaziali e temporali non definiti

Per raggiungere questo obiettivo, l'autore utilizza una tecnica molto semplice: tiene il lettore all'oscuro dei luoghi e del tempo in cui è ambientata la sua storia. Quando nella storia compaiono nomi di luoghi o elementi del paesaggio, sono tutti inventati dall'autore. Ad esempio, il fiume Staubi e le montagne che si vedono all'orizzonte, così come l'Hunterpitz e i tre Schnikelkopf, sono tutti inventati. Claudel sceglie anche di ridurre il nome della città principale alla sua espressione più semplice: una sola lettera, S. Inoltre, omette semplicemente alcune informazioni, come il nome del villaggio. La nebulosità delle informazioni spaziali e temporali che ci vengono fornite è il principale risultato del romanzo: se non è localizzato da nessuna parte, può essere localizzato ovunque. Lo stesso vale per l'arco temporale: non viene mai menzionata la data. La storia può quindi essere applicata a qualsiasi luogo e a qualsiasi tempo.

Tuttavia, ci sono diversi indizi nella storia che ci permettono di specificare inconsciamente il luogo:

- L'ambiente montuoso e l'antica lingua germanica restringono l'ambientazione all'Europa centrale.

- La descrizione delle *Fratergekeime* ci fa subito pensare ai soldati nazisti che negavano l'umanità di Brodeck trattandolo come un animale quando era imprigionato nel campo. Il narratore li descrive nei seguenti termini:

  > *"… uomini molto simili a noi. Avendo frequentato l'università nella loro Capitale, mi è capitato di conoscerli bene. Ci siamo associati ad alcuni di loro perché visitavano spesso il nostro villaggio […] e parlavano una lingua che è la sorella gemella della nostra e che capiamo con poca difficoltà".*

- La capitale in cui Brodeck ha studiato si chiama semplicemente S. Tuttavia, anche questo potrebbe essere un indizio: negli anni '20, il governo nazista stabilì il suo quartier generale a Stoccarda, un'ex capitale dell'Europa centrale.

- La *Pürische Nacht*, la rivolta di cui Brodeck fu testimone a S., ha non poche cose in comune con la Notte dei vetri rotti (9-10 novembre 1938), un giorno e una notte di tumulti antiebraici, saccheggi, distruzioni e linciaggi che ebbero luogo contemporaneamente in tutta la Germania nazista. Molti negozi e luoghi di culto ebraici furono saccheggiati.

Queste indicazioni sembrano ancorare il libro alla Germania nazista: l'odio per gli stranieri, la guerra e il collaborazionismo; il vandalismo; la lingua che suona tedesca; i campi; e così via. Tuttavia, Claudel ha ammesso di non aver voluto scrivere "un libro sull'Olocausto, ce ne sono già migliaia". Il *Rapporto Brodeck* si svolge nell'Europa dell'Est, è il massimo della precisione. "I francesi saranno portati a pensare che sia ambientato in Alsazia, a causa del dialetto che ho inventato. Tuttavia, alcuni miei amici tedeschi hanno pensato all'Austria. Mi viene in mente anche l'ex Jugoslavia…" (Leménager, *Philippe Claudel: Le Rapport de Brodeck est une parabole sur la Shoah,* 2007). Qui l'autore conferma il suo desiderio di scrivere un libro universale e di non concentrarsi su un evento particolare. Per lui, una "tesi storica travestita da romanzo" (ibid.) non è interessante: tanto vale comprare un vero libro di storia documentata.

Il villaggio: un microcosmo della società

L'autore quindi non solleva completamente il velo del mistero. Per rendere universale la sua storia, Claudel utilizza un'altra tecnica: crea un microcosmo della società del villaggio per ritrarre la società nel suo complesso.

La vita del villaggio, e la vita della società nel suo complesso, è suddivisa in tre periodi temporali:

- **Prima della guerra**, nonostante l'isolamento, gli abitanti del villaggio sono accoglienti. I viaggiatori sono accolti calorosamente nella locanda: portano una ventata di aria fresca che fa rivivere il villaggio. Chi desidera fermarsi più a lungo viene accolto a braccia aperte, come Fédorine e Brodeck: "Ci hanno sistemato nella capanna e ci hanno detto chiaramente che potevamo rimanere lì per una notte o per diversi anni". Del resto, "a quei tempi non si aveva ancora paura degli estranei, anche quando erano i più poveri tra i poveri".

- **Durante la guerra**, la paura sostituisce la solidarietà di un tempo: gli occupanti comandano e gli abitanti del villaggio obbediscono. È meglio sacrificare alcuni per la sopravvivenza e la pace del resto del villaggio. Basta che una persona, Göbbler, canti le lodi degli occupanti per convincere i dubbiosi. Di conseguenza, questi ultimi denunciano Brodeck e Frippman, che prima trattavano come fratelli.

- **Dopo la guerra**, le cicatrici non svaniscono: l'aria è ancora carica di sospetto e chi è diverso è visto con diffidenza. Brodeck è osservato e tenuto a distanza; in realtà, è semplicemente tollerato in un villaggio dove "la memoria era destinata a pesare per i secoli a venire" a causa dell'orrore dei campi e della loro collaborazione, proprio come il resto della popolazione che non ha fatto nulla durante il conflitto. L'arrivo di *Anderer* viene ora accolto in modo tutt'altro che spontaneo o accogliente. Inoltre, il fatto che sia diverso lo rende un bersaglio perfetto.

In questo modo, il lettore inizia a capire cosa porta una società a comportarsi e a reagire nel modo in cui si comporta attraverso la vita del villaggio. Potremmo quindi trovarci in qualsiasi villaggio, con tutti gli abitanti – qui descritti come una folla che segue il gregge senza porsi troppe domande –, con i leader opportunisti, come Orschwir e Göbbler, e con le vittime, come Brodeck e gli *Anderer*.

MEMORIA E SENSO DI COLPA

Quando nel romanzo la guerra si conclude, nella piazza del villaggio viene eretto un monumento ai caduti. Su di esso è inciso anche il nome di Brodeck, che è ancora imprigionato nel campo. Questo sembra pacificare gli abitanti del villaggio e placare il loro senso di colpa. Forse hanno commesso un atto terribile denunciandolo e mandandolo al campo, ma onorano la sua memoria scrivendo il suo nome sul monumento. Tuttavia, gli abitanti del villaggio non sanno che Brodeck è sopravvissuto. Quando torna al villaggio, chiaramente ancora vivo, sono costretti a cancellare il suo nome e il risentimento comincia lentamente a radicarsi nei loro cuori. La sua morte avrebbe permesso loro di essere in pace con se stessi: credevano che la costruzione di un monumento fosse sufficiente a cancellare i loro peccati. Tuttavia, il ritorno di Brodeck li costringe ad affrontare ancora una volta il loro tradimento. Brodeck è uno specchio che riflette la bassezza degli abitanti del villaggio e per questo viene rifiutato.

Di conseguenza, notiamo che la memoria è considerata qualcosa di negativo: deve essere neutralizzata, perché non ne può derivare nulla di buono. Questo viene confermato dal sindaco quando dice a Brodeck che:

> "Tutto ciò che appartiene a ieri appartiene alla morte, e l'importante è vivere. So che ne sei ben consapevole, Brodeck – sei tornato da un luogo da cui la gente non torna [...] Il gregge conta su di me per proteggerlo da ogni pericolo, e di tutti i pericoli, il ricordo è uno dei più terribili".

Dimenticare sembra essere la chiave per vivere una vita felice.

Il desiderio di redigere un rapporto segue la stessa logica: gli abitanti del villaggio lo vogliono per alleggerirsi la coscienza, ma una volta terminato preferiscono liberarsene e liberarsi da questo ricordo opprimente. Brodeck, invece, non riesce a dimenticare, ed è per questo che sceglie di lasciare il villaggio.

UNO STILE DI SCRITTURA POLIEDRICO

Personale e poetico

In linea con l'universalità del romanzo, lo stile di scrittura dell'autore attira irresistibilmente il lettore in una storia da cui non può dissociarsi completamente: il lettore si affeziona a Brodeck, perché gli viene dato accesso intimo ai suoi pensieri. Questa storia dolorosa di una vita sprecata cattura la nostra attenzione e ci commuove profondamente. Ci sono diverse tecniche di scrittura che creano questo effetto:

- **L'uso della prima persona singolare**. La scelta di scrivere il libro in prima persona singolare spinge il lettore nel cuore della storia. Ci troviamo quindi ad essere i confidenti del protagonista e ad avere una visione privilegiata della sua vita personale. Di conseguenza, il lettore stabilisce un rapporto familiare con il narratore, che diventa un amico intimo. Inoltre, questo "io" contrasta con la folla, con la massa degli altri, il che rafforza il legame tra il lettore e questo particolare individuo.

- **La struttura**. Questo tono personale si unisce alla scrittura del "libro intimo" di Brodeck. Il suo Rapporto è una sorta di autobiografia in cui racconta la sua storia, combinando una serie di eventi sciocanti del passato e del presente. Per lui, la storia riflette la sua vita: *"Se il mio racconto assomiglia a un corpo mostruoso, è perché è fatto a immagine e somiglianza della mia vita, che non sono riuscito a contenere, che sta andando in rovina"*.

- **L'apparizione dei ricordi**. I ricordi riappaiono all'improvviso, rimbalzando gli uni sugli altri e mescolandosi per creare una sorta di "guazzabuglio".

> *"Quando leggo le pagine del mio racconto fino ad ora, mi accorgo che mi muovo con le parole come una selvaggina in fuga, sprintando, zig-zagando, cercando di depistare i cani e i cacciatori all'inseguimento. Questo guazzabuglio contiene tutto. Ci sto svuotando la mia vita. Scrivere è un sollievo sia per il mio cuore che per il mio stomaco".*

Di fronte a questa confessione esitante, il lettore non può né rimanere indifferente né prendere le distanze. L'autore, quindi, mette in evidenza il legame quasi intimo tra il suo personaggio e i lettori.

Nonostante la sua vita estremamente difficile, Brodeck riesce ancora a trovare la bellezza nel mondo. Parla della natura e del paesaggio, della vitalità infantile della piccola Poupchette e della bellezza silenziosa di sua moglie Emélia.

Brodeck riesce a vedere la bellezza anche nell'orrore. Durante la *Pürische Nacht* di S., Brodeck "non poté fare a meno di immaginare che qualcuno avesse sparso pietre preziose a manciate per tutto il quartiere Kolesh. Il pensiero dava alla piccola strada una nuova dimensione, scintillante, meravigliosa, come lo scenario di una fiaba". Queste pietre preziose non sono altro che i vetri rotti delle "vetrine che si aprivano come fauci di animali morti". Gli accampamenti che "erano sorti dappertutto dall'altra parte del confine [sono] come fiori velenosi".

La poesia si intreccia con l'orrore, non per mitigarlo o renderlo più appetibile, ma per sottolinearlo e renderlo ancora più sconvolgente. Tuttavia, è inutile "in materia di [...] sopravvivenza".

Comunicare un messaggio

Per Claudel, la memoria deve essere mantenuta viva: non deve svanire. Il suo romanzo ricorda a volte il terrificante racconto di Primo Levi (scrittore italiano, 1919-1987), *Se questo è un uomo*, che narra la sua prigionia ad Auschwitz. L'umanità deve certamente ricordare, ma Claude non intende condannare o insistere sul fatto che ciò non debba mai più accadere: cerca semplicemente di scrivere una storia che aiuti gli uomini a capire gli uomini. Più che ricordare un preciso evento traumatico, l'autore vuole sottolineare che il passato in generale non deve essere dimenticato.

La storia passa continuamente dal presente, con la vita di Brodeck nel villaggio e la stesura del Rapporto, ai ricordi della guerra e della sua sopravvivenza nel campo. I pensieri dei personaggi ci permettono di vedere gli eventi sotto una nuova luce, di capire o almeno di provare a capire gli uomini e ciò che li spinge ad agire in un certo modo, a farsi del male o a venire in aiuto gli uni degli altri.

Egli mostra quindi che il calore e la bontà possono apparire in qualsiasi momento, anche nelle situazioni peggiori. Questo è esattamente il messaggio che trasmette quando Brodeck torna a casa dal campo. Lungo la strada incontra un uomo che gli offre ospitalità, senza fare domande. "Non parlare", gli dice. "Non ho intenzione di fare domande. Non so esattamente da dove vieni, ma credo di poterlo immaginare". L'uomo gli dà anche dei vestiti per poter tornare al villaggio: "Sono della tua taglia. Appartenevano a mio figlio, ma non tornerà. Senza dubbio è meglio così". Comprendiamo l'implicazione che il figlio dell'uomo era probabilmente uno dei torturatori e che il padre avrebbe preferito che fosse morto piuttosto che dover vivere con questo peso.

Il romanzo di Claudel è tutt'altro che una condanna dell'umanità e delle sue azioni: è piuttosto un'interrogazione sulla natura umana e sul rapporto che gli uomini hanno con la propria memoria e con ciò che non conoscono.

ULTERIORI RIFLESSIONI

ALCUNE DOMANDE SU CUI RIFLETTERE...

- Quali sono le analogie e le differenze tra il *Rapporto Brodeck* e altre opere sullo stesso tema? Cosa rende originale il romanzo di Claudel? Giustificate la vostra risposta.

- Descrivete il personaggio di *Anderer*. Perché gli abitanti del villaggio lo hanno ucciso?

- Secondo voi, esiste un legame tra gli *Anderer* e Brodeck? Che tipo di legame? Spiegate la vostra risposta.

- Perché Brodeck è deluso dall'atteggiamento dell'ex insegnante Limmat?

- Cosa possiamo dire del locandiere Schloss? Come lo vede Brodeck?

- Brodeck sostiene che, sebbene fosse lui a tornare a casa, era Diodème a poter finalmente vivere. Commentate questa affermazione.

- ***"Mi chiamo Brodeck e non ho niente a che fare con tutto questo"***. Commentate questa frase che apre e chiude il romanzo.

- Quale concezione della memoria trasmette il romanzo?

- Secondo voi, Claudel ha una visione ottimistica o pessimistica dell'uomo in generale?

- Oltre all'uomo, il romanzo riflette su diversi concetti. Secondo voi, come viene rappresentata la paura? E Dio?

ULTERIORI LETTURE

EDIZIONE DI RIFERIMENTO

Claudel, P. (2010) Il *rapporto Brodeck*. Trans. Cullen, J. Londra: Quercus.

STUDI DI RIFERIMENTO

Aarons, V. ed. (2016) *Narrazioni dell'Olocausto di terza generazione: Memory in Memoir and Fiction*. Maryland: Lexington Books.

Levi, P. (1991) *Se questo è un uomo / La tregua*. Nuova ed. Trans. Woolf, S. Londra: Abacus.

Vogliamo sapere da voi!
Lasciate un commento sulla vostra biblioteca online
e condividete i vostri libri preferiti sui social media!

Perché scegliere Must Read?

Scoprite tutto quello che c'è da sapere su
un libro, con i nostri riassunti e le nostre
analisi concise e approfondite!

**Scoprite il meglio della letteratura
sotto una luce completamente nuova!**

www.50minutes.com

www.50minutes.com

Master ISBN: 9782808689854
ISBN cartaceo: 9782808611251
Deposito legale: D/2023/12603/1405

Copertura: © Primento

Concezione digitale a cura di Primento, il partner digitale degli editori.